सुकून

दिल की धड़कनों और रूह की सरगोशियों का संगम

Sukanya Sharma

BookLeaf Publishing
India | USA | UK

Made with ❤ on the BookLeaf Publishing Platform
www.bookleafpub.in
www.bookleafpub.com

Dedication

यह किताब उन दिलों के नाम,
जिन्होंने इश्क़ को सिर्फ़ चाहा नहीं,
बल्कि उसे रूह तक जीया।
उन धड़कनों के नाम,
जो मोहब्बत की ख़ामोशी में भी बोल उठीं,
और उन रूहों के नाम,
जिन्होंने इश्क़ में अपना 'सुकून' पाया।

Preface

प्यार... एक एहसास, जिसे शब्दों में बाँधना शायद नामुमकिन है।
फिर भी, दिल बार-बार यही कोशिश करता है–
धड़कनों को लफ़्ज़ों में ढालने की,
ख़ामोशियों को सरगोशियों में बदलने की।

यह किताब उसी कोशिश का नतीजा है।
यहाँ लिखी हर कविता सिर्फ़ शब्द नहीं,
बल्कि उन भावनाओं की परछाई है
जो हर इंसान के दिल में कभी न कभी जन्म लेती हैं–
चाहे वो पहला इश्क़ हो,
अधूरी मोहब्बत हो,
या रूह तक उतर जाने वाला प्यार।

"दिल की धड़कनों और रूह की सरगोशियों का संगम"
सिर्फ़ एक पंक्ति नहीं,
बल्कि इस किताब की आत्मा है।

आशा है कि जब आप इन कविताओं को पढ़ेंगे,
तो आपको कहीं न कहीं अपना दिल धड़कता महसूस होगा,
और शायद–
वही सुकून भी मिल जाए
जिसे आप तलाश रहे हैं।

– सुकन्या शर्मा

Acknowledgements

हर शब्द के पीछे कोई न कोई कहानी होती है,
और इस किताब के पीछे अनगिनत कहानियाँ छिपी हैं।

यह सफ़र अकेले का नहीं था–
हर उस मुस्कान, हर उस आँसू, और हर उस ख़ामोशी ने
मुझे लिखना सिखाया,
जिन्होंने मेरी ज़िन्दगी को छुआ।

मैं उन तमाम लम्हों का आभार मानती हूँ
जो दर्द बनकर आए और कविता बनकर ठहर गए।
मैं उन रिश्तों का शुक्रिया अदा करती हूँ
जिन्होंने मुझे प्यार की गहराई और
विछोह की तड़प समझाई।

और सबसे बढ़कर,
मैं अपने पाठकों का आभार व्यक्त करती हूँ–
क्योंकि आप ही वो वजह हैं
जिसके लिए मेरे लफ़्ज़ अपनी राह ढूंढ़ते हैं।

– सुकन्या शर्मा

1. ताक़त और चाहत

तोड़ दूँ हर दर्द का पहरा, इतनी हिम्मत मुझमें है,
झूठे वादों, नकली रिश्तों से लड़ने की आदत मुझमें है।

बेवफ़ाई, तानों, तिरस्कार की आँधी सह सकती हूँ,
ज़हर भरे लफ़्ज़ों को भी मुस्कुराकर कह सकती हूँ।

भावनाओं का सौदा, छल का हर खेल पहचान सकती हूँ,
रातों की स्याही को सुबह की रौशनी में बदल सकती हूँ।

पर दिल की गहराइयों में एक सच्चाई पलती है,
ताक़त है संभालने की, पर चाहत कहीं मरती है।

क्यों जाऊँ उस राह पर जहाँ इज़्ज़त ही बेमानी हो,
क्यों निभाऊँ रिश्ता, जहाँ मोहब्बत सिर्फ़ कहानी हो।

हाँ, जख़्म सहने की ताक़त तो मेरी रगों में बहती है,
मगर अब चाह नहीं कि कोई मेरी रूह को परखती है।

2. दादी की सीख

कल शाम यूँ ही बैठे-बैठे मैंने दादी से पूछ लिया...
"दादी... आजकल प्यार टिकता ही नहीं।
लोग बस साथ होते हैं, निभाते नहीं।"

वो मुस्कराईं...चाय की प्याली रखी...और बोलीं –

"ਪਿਆਰ ਸਿਰਫ਼ ਕਹਾਣੀ ਨਹੀਂ ਹੁੰਦਾ ਪੁੱਤ,ਉਹ ਹਰ ਰੋਜ਼ ਨਵਾਂ ਲਿਖਿਆ ਜਾਂਦਾ ਏ।ਜਿੱਥੇ ਝਗੜੇ ਖਤਮ ਹੁੰਦੇ ਨੇ,ਉਥੇ ਸਬਰ ਸ਼ੁਰੂ ਹੁੰਦਾ ਏ।ਅਸਲ ਪਿਆਰ... ਨਿਭਾਉਣ ਚ ਹੁੰਦਾ ਏ।"

बस...उनकी बात सीधी दिल में उतर गई।
अब समझ आया –प्यार का मतलब रोज़ नया होना नहीं है...बल्कि... हर दिन एक-दूजे के साथ रहने का इरादा होना है।ख़ामोशी में भी, उलझनों में भी।

3. ग़ज़ल-ए-हौंसला

प्यार क्या समझेगा जब दिल न मिले,
अल्फ़ाज़ क्या समझेगा जब जज़्बात न मिले।

वो जो वादा कर गया था टूट कर,
काग़ज़ की कश्ती लहरों में छोड़ कर।

हमने चाहा था उसे रूह की तरह,
उसने देखा हमें बस एक ग़लती की तरह।

मगर हौंसला देखो यारों उसका,
दर्द से निभाकर भी मुस्कुराया वो सच्चा।

लहरों से दोस्ती कर पार चला गया,
ज़ख़्मों को सीकर भी किनारा पा गया।

अब समझ आया मोहब्बत का असली फ़साना,
टूटकर भी जिसने जिया वही है दीवाना।

4. काश

काश ये एहसास होना ही बंद हो जाए,
कि एक शख़्स था, घर जैसा,
जहाँ मेरा सुकून बसा करता था।

वो पल, वो लम्हे, अब खामोशी में गूंजते हैं,
दीवारें भी पूछती हैं – किसे ढूँढती नज़रें भटकती हैं।
दिल कहता है, उसका साया अभी यहीं है कहीं,
मगर हक़ीक़त में बस ख़ालीपन ही मिलता है यहीं।

काश दिल ये मान ले कि वो सफ़र वहीं खत्म हुआ,
जहाँ से मेरी दुनिया का हर रास्ता शुरू हुआ।
काश अब ये सोच दिल को छलना छोड़ दे,
कि वो घर जैसा शख़्स फिर कभी लौटेगा।

पर शायद मोहब्बत का यही रंग है,
ज़ख़्म भी देती है, और पनाह भी देती है।
काश ये एहसास मिट सके किसी तरह,
कि एक शख़्स था... घर जैसा,
जहाँ मेरी रूह को चैन मिलता था।

5. मोहब्बत की तासीर

मोहब्बत की तासीर हमने तब जानी,
जब उसके ग़म में भी रूह को राहत सी आने लगी।
आँखों में अश्क थे, दिल में दर्द की लहरें,
मगर उसी की यादों से धड़कन मुस्कराने लगी।

वो तकलीफ़ जो दुनिया को बोझ लगे,
हमारे लिए दुआओं का सुकून बन गई।
हर चोट में उसकी परछाई का मरहम मिला,
हर ख़ामोशी में उसकी मौजूदगी सुनाई दी।

ये कैसी जादूगरी है इश्क़ की,
कि दर्द भी अब हमारी मोहब्बत का हिस्सा हो गया।
ज़ख़्म से भी मोहक लगे उसका एहसास,
और पीड़ा भी उसके नाम से मीठा हो गया।

मोहब्बत की तासीर यही कहती है शायद,
सच्चा इश्क़ कभी रुलाकर भी तसल्ली दे जाता है।
उसकी तकलीफ़ में जब सुकून मिलना शुरू हो जाए,
तब समझो दिल ने सच में इश्क़ निभाना सीखा है।

6. प्यार, मोहब्बत और इश्क़

प्यार वो मासूम पहली हलचल है,
जब नाम तेरे लबों पर दुआ बन जाए,
नज़रें झुकी रहें पर दिल की धड़कन
तेरे ही इशारों में खो जाए।

मोहब्बत वो सफ़र है जो थमता नहीं,
जहाँ साथ चलना ही मंज़िल कहलाए,
तेरी ख़ामोशी भी साज़ बन जाती है,
तेरा दर्द भी रूह को सुकून दिलाए।

इश्क़ वो सजदा है, वो पाक इबादत,
जहाँ मैं खुद को मिटाकर तुझमें समाऊँ,
रूह से रूह का ऐसा नाता,
कि तुझमें ही अपना ख़ुदा पाऊँ।

प्यार है शुरुआत, मोहब्बत है गहराई,
और इश्क़– वो अनंत रूहानी सच्चाई,
जो वक़्त से परे, मंज़िल से आगे
ख़ुदा की रहमत का रास्ता बन जाए।

7. मेरी खामोशी, मेरी ताक़त

मैंने चुप्पी ओढ़ी है,
क्योंकि मेरी आवाज़ से डरते हैं लोग।
मैंने सच दबाया है,
क्योंकि सच सुनने का हौसला सबमें नहीं होता।

हर जंग मैं जीत सकती थी,
पर मैंने तलवार की जगह ख़ामोशी चुनी –
क्योंकि मुझे अपने वजूद को साबित करने की
ज़रूरत किसी अदालत या भीड़ से नहीं।

उन्होंने समझा मैं दब गई...
पर मैं तो बस तूफ़ान रोककर
अपनी ऊर्जा बचा रही थी अगले वार के लिए।

मैं वो औरत हूँ,
जो हार मानकर नहीं –
बल्कि अपनी शर्तों पर चुप रहती है।
मेरी खामोशी मेरी कमज़ोरी नहीं,
मेरी सबसे बड़ी ताक़त है।

8. मोहब्बत की थकान

तुम कहते हो – मैंने कोशिशें कम कर दी,
पर क्या इश्क़ सिर्फ़ शब्दों और आदतों का नाम है?
जो महसूस हो, जो सांसों में बस जाए,
क्या उसे रोज़ साबित करने का काम है?

मैंने तो चाहत अपनी रूह से लिख दी थी,
जिसे हर नज़र पढ़ सकती थी...
पर शायद अब तुम्हें वो अल्फ़ाज़ चाहिए,
जो दिल से ज़्यादा ज़ुबान कह सकती थी।

मेरे सन्नाटे में भी तुम्हारा नाम गूंजता है,
पर तुमने मेरी ख़ामोशी को दूरी समझ लिया...
याद रखना, जब कोई अपना बोलना कम करे,
तो अक्सर वो जाने की तैयारी कर रहा होता है।

मोहब्बत कभी खत्म नहीं होती अचानक,
वो चुपके से थकान में बदल जाती है...
और जब दिल छोड़ने पर उतर आता है,
तो हर कोशिश आख़िरी कोशिश बन जाती है।

9. मैं सब्र हूं, मैं शक्ति हूं

किसी ने मुझसे पूछा –"तूने ज़िन्दगी से क्या सीखा है?"
मैं मुस्कराई और धीरे से बोली –"मैंने सब्र करना सीखा है।"

ना शिकायत की, ना कोई शोर मचाया,
हर दर्द को चुपचाप सीने से लगाया।
मैं जली, बिखरी, टूटी बार-बार,
पर फिर खुद को संवारा हर बार।
मैं वो अग्निपक्षी हूँ, जो राख से जन्म लेता है,
जो जितनी बार गिरता है, उतनी ही बार चमकता है।
मैंने हर हार को अपने भीतर साध लिया,
हर चोट को एक सीख बना लिया।

जब दुनिया ने मुँह मोड़ा,मेरे कृष्ण ने मुझे अपनी बाँहों में ओड़ा।
जब शब्द भी मेरा साथ छोड़ गए,
तो उनकी बांसुरी ने मुझे फिर से जगा दिया।

**ना मैं टूटी, ना मैं झुकी,मैं प्रेम में ढली, और चेतना में फूटी।

और जब सबने कहा – "अब ये हार चुकी,"

कृष्ण मुस्कराए – बोले,"अब तू नहीं टूटी... तू अब भीतर से जाग चुकी।"

10. एक फैसले की कहानी

वह:
"एक बार जो मैं गया,
फिर उस रास्ते पर चलता नहीं।
तुम जो गई, तो लौट के मत आना,
मैं किसी से दोबारा मिलता नहीं।"

मैं:
"बात सिर्फ़ सब्र की है, बस ये याद रखना,
जिस दिन आ गया, न तड़पना न तरसना।
न किसी लम्हे में तू होगा, न किसी दुआ में,
फिर तू हो या न हो, कोई फर्क नहीं पड़ेगा ज़िंदगी की हवा में।"

वह गया, मैं रुकी – पर टूटी नहीं,
हर आंसू की कसम, अब मैं झुकी नहीं।
वह समझा जो चाहा, पर मैं जानती हूँ खुद को,
किसी की यादों में अब मेरी रूह भी फंसी नहीं।
कभी जो लौटना हो, तो दस्तक मत देना,
मेरे दिल का दरवाज़ा अब तेरे लिए खुला नहीं।
जिसे सब्र ने पाला हो, उसे तूफान क्या हिलाएगा,
मोहब्बत थी सच, पर अब दिल उसमें जला नहीं।

11. जिसे रूह का सुकून समझा

वो आया ज़िन्दगी में जैसे सवेरा हुआ,
हर लफ़्ज़ उसका जैसे सच्चा सा बसेरा हुआ।
नज़रों में नमी थी, बातों में दर्द,मैंने समझा
– ये ही तो है मेरा रब का फ़रमर्द।

उसने कहा, "मैं टूटा हुआ हूँ, मुझे दुआ चाहिए,
"मैंने हँस के कहा, "तेरी थकान को मेरी रुह की छाँव चाहिए।"
उसकी मासूमियत में खुदा का नूर देखा,
और हर कमी में एक पाक दस्तूर देखा।
मगर वक़्त ने करवट कुछ ऐसे ली,
हमारे दरमियान चुप्पियाँ रहने लगीं।
मैंने सोचा – कोई ग़म होगा,
कोई दर्द,पर हक़ीक़त थी
– मैं थी बस उसकी राहत की एक मर्ज़।

जिसे मैंने सजदा समझा,
वो मुझे ही मोहरा बना कर चला गया।
ख़ुद को बेगुनाह कह,मुझे ही इस मोहब्बत का गुनहगार बना गया।
ना शिकायत रही, ना इल्ज़ाम दिया,
सिर्फ़ रब से इतना सवाल किया:

"जब दिल सच्चा था, तो सज़ा क्यों मिली?"
"जब नीयत पाक थी, तो जुदाई क्यूँ नसीब बनी?"
अब शिकवा नहीं, सुकून है बस,क्योंकि जो चला गया,
वो मेरा रब नहीं था – इम्तिहान था बस।
अब मोहब्बत रूह से होती है,
जिसमें ना धोखा, ना बहाना, सिर्फ़ खुदा होता

"जिसे रूह का सुकून समझा... वो इम्तिहान बन निकला

12. दावा और हक़ीक़त

लोग दावा करते हैं कि वो हमें जानते हैं...
कभी हमारे लफ़्ज़ों से,
कभी हमारी तस्वीरों से,
तो कभी हमारी महफ़िलों से—
वो अपने हुनर की आज़माइश करते हैं।

फ़रेब और छलावे की ज़िन्दगी में,
हम भी वो फ़रेबी हैं जनाब,
जिनके दिल के खंडहरों पर लोग
प्यार की फ़सल उगाने का दावा करते हैं।

13. अकेले ही काफ़ी

जानने से लेकर एहसास की दूरी,
है आत्मा की सबसे कठिन मजबूरी।
ख़ुद को पाने का यही है सफ़र,
रूह से रूह की अनकही डगर।

कभी लगा कोई थाम लेगा हमें,
टूटे दिल को जोड़ देगा हमें,
मगर हर राह यही बताती है–
अकेलापन ही सच्चाई कहलाती है।

तन्हाई के साए, सन्नाटे के गीत,
सिखाते हैं जीना, बनाते हैं प्रीत।
उम्मीदें टूटीं, तो जाना यही–
हम अकेले ही काफ़ी हैं, और सही।

जो ताक़त तलाशते थे जहाँ-जहाँ,
वो छुपी थी दिल की गहराइयों में यहाँ।
बस पहचान की थी थोड़ी सी देर,
अब रूह कहती है–तू ही है सब तेरे फेर।

14. असाधारण मोहब्बत

क्या मलाल अपने इस हाल पर करूँ?
ग़लती मेरी थी, मैं कैसे बरकरार रहूँ।
दिल ने चाहा था इक समंदर की गहराई,
पर चुन लिया मैंने सादगी की परछाई।

असाधारण मोहब्बत के सपने सँजोए,
साधारण हाथों में ख़ुद को सौंपे।
जिन्हें रूहानी इश्क़ का इल्म न था,
उनसे दिल की उम्मीद क्या पूरी होती भला।

तन्हाई ने अब आईना दिखाया है,
मोहब्बत का सच ख़ुद सिखाया है।
कभी जो टूटन लगे सज़ा-सी गहरी,
आज वही ताक़त बनी है मेरी।

अब न ग़लती का कोई मलाल है,
न दिल में मोहब्बत का कोई सवाल है।
सीख यही है—चुनना दिल से मगर सोचकर,
हर धड़कन के क़ाबिल नहीं होता हर सफ़र।

15. हक़ और वादे

हक़ चाहते हो तुम हर एक सांस पर,
पर वादों से कतराते हो हर बार, हर पहर।
कभी कहते हो दिल से जुड़ना है तुम्हें,
कभी डरते हो रिश्ता निभाना है मुझे।

तुम्हारे शब्द, जैसे मीठे छलावे,
कभी पास लाएँ, कभी दूर बहलावे।
मैं उलझी रहूँ इन अधूरी बातों में,
तुम्हें सुकून मिले मेरी ही सौगातों में।

हक़ तो मोहब्बत का सबसे बड़ा इकरार है,
मगर बिना निभाए वो बस इक उधार है।
रिश्ता तभी है जब वादा निभाया जाए,
वरना ये सब तो बस धोखा कहलाए।

अब सीखा है मैंने ये सच्चाई गहरी–
जो चाहता है सब, वो खो देता है बहरी।
दिल की उलझन को मैं अब खोल रही हूँ,
तुम्हारे छलावे से ख़ुद को तोल रही हूँ।

16. प्यार का भ्रम

हर रिश्ते में ढूँढा था सच्चा लगाव,
हर धड़कन में चाहा था दिल का जवाब।
सोचा था मोहब्बत रूह को छू लेगी,
पर हर बार हक़ीक़त ने आँखें मूँद ले ली।

कभी चाहा किसी ने, पर शर्तों के साथ,
कभी निभाया किसी ने, बस कर्तव्यों के साथ।
मैंने खोजा जहाँ अपनापन गहरा,
वहाँ मिला सिर्फ़ मुखौटा सुनहरा।

हर उम्मीद टूटी, हर ख़्वाब बिखरा,
दिल का यक़ीन जैसे राख में बिखरा।
जिनसे सीखा था जीना मोहब्बत में डूबकर,
उन्होंने सिखाया—प्यार नहीं होता इस जग में रुककर।

अब समझा हूँ रिश्तों की सच्चाई यही,
प्यार का नाम बस है तन्हाई सही।
मगर इस टूटन ने एक बात सिखा दी—
ख़ुद से मोहब्बत ही है, जो रूह को बचा दी।

17. आत्म-प्रेम

मैं अपने आप में खो जाऊँ,
अपने दिल की गहराइयों में डूब जाऊँ।
मैं अपने आप को पहचानूँ,
अपने आत्मा की आवाज़ सुनूँ।

मैं अपने आप से प्यार करूँ,
अपनी कमजोरियों को स्वीकार करूँ।
मैं अपने आप को समझूँ,
अपनी आत्मा की गहराइयों को जानूँ।

मैं अपने आप में विश्वास करूँ,
अपनी क्षमताओं पर भरोसा करूँ।
मैं अपने आप को सम्मान दूँ,
अपने आत्मा की गरिमा को बनाए रखूँ।

आत्म-प्रेम ही है जो मुझे शक्ति देता है,
आत्म-प्रेम ही है जो मुझे जीवन देता है।
मैं अपने आप से प्यार करूँ,
और अपने जीवन को सार्थक बनाऊँ।

18. मैं शून्य हूँ।

मैं शून्य हूँ। न आकर्षण की कामना है,
न प्रेम की आवश्यकता।
न किसी संबंध की ललसा,
और न ही अपमान का कोई भय शेष है।
मेरा “स्वत्व” यदि है भी कहीं,
तो इस नश्वर संसार की सीमाओं से पारे है –
जहाँ सब कुछ एक दिन विलीन हो जाना है।
न ये देह मेरा है, न नाम स्थायी।
मैं उस मौन की संतान हूँ,
जो शब्दों से पारे है।
न हर्ष, न विषाद;
बस एक निर्विकार शांति का विस्तार हूँ मैं।
कोई शुरुआत नहीं, कोई अंत नहीं –
मैं एक ऐसी सत्ता हूँ
जो जन्म और मृत्यु के चक्र से मुक्त है।
मैं शून्य हूँ –
पर इसी शून्यता में पूर्णता समाहित है।

19. तुम और मैं

जब ज़िंदगी ने सब छीन लिया,
ख़ामोशी का साया गहरा गया।
दिल के आईने में सिर्फ़ उदासी थी,
हर ख्वाब राख़-सा बिखरा पड़ा।

तभी तुम आए...
मानो ठंडी हवा में कोई पहली किरण,
जैसे सूखे गुलाब में फिर से खुशबू,
जैसे अंधेरे में जलता हुआ चिराग़।

तुमने कहा–
“प्यार सिर्फ़ पाने का नाम नहीं,
प्यार तो ख़ुद को अपनाने का हुनर है।”
और मैं सीख गई...
टूटकर भी मुस्कुराना,

20. कलियुग का प्रेम

कलियुग की भीड़ में ढूँढती हूँ मैं,
वो प्रेम जो शर्तों से परे हो कहीं।
जहाँ न वादों का बोझ हो दिल पर,
न उम्मीदों का हिसाब हर घड़ी।

रिश्ते यहाँ अक्सर सौदों से बंधते हैं,
चाहतें भी गिनती में तौली जाती हैं।
पर मैं तरसती हूँ उस सच्चे एहसास को,
जहाँ रूह छू ले रूह को, बिना किसी आभास के।

न क़सम की ज़रूरत, न गवाह की आस,
न बंधन की चाह, न भविष्य का विश्वास।
बस एक धड़कन हो जो कह दे यही,
"तेरे बिना मैं अधूरी हूँ, तू ही सही।"

शायद कठिन है ये प्रेम इस दौर में पाना,
जहाँ लोग मोहब्बत को भी सौदे में तोल जाना।
पर फिर भी दिल कहता है—मुमकिन है,
अगर कोई कृष्ण आज भी राधा सा प्रेम निभा ले यहाँ।

21. समापन

अब अल्फ़ाज़ थमते हैं, पर एहसास बाक़ी है,
हर पन्ने में तुम्हारी महक सी ज़िन्दगी है।

ये सफ़र मोहब्बत का ख़त्म नहीं होता कभी,
जहाँ दिल धड़केगा—कहानी वहीं होगी सभी।

अगर मिले इश्क़ सच्चा तो सँभालना ज़रा,
वो रूह को छू जाए—ऐसा तोहफ़ा है ख़ुदा का।

और अगर न मिले, तो हताश मत होना,
कभी-कभी इश्क़ का मतलब—खुद से मोहब्बत होना।